DE LA CORPORATION

DES

DRAPIERS-CHAUSSETIERS

ET DU

GRAND BUREAU DE BONNETERIE

PAR

LUCIEN COUTANT

PRIX : 50 CENTIMES.

PARIS

A. LELEUX, LIBRAIRE

ÉDITEUR DE LA REVUE ARCHÉOLOGIQUE

RUE DES POITEVINS, 11

—

1858

TYPOGRAPHIE DE CH. LAHURE ET Cie
Imprimeurs du Sénat et de la Cour de Cassation
rue de Vaugirard, 9

DE LA CORPORATION

DES

DRAPIERS-CHAUSSETIERS

ET DU

GRAND BUREAU DE BONNETERIE.

Le vieux Paris disparaît tout entier. Ses rues tortueuses, étroites et malsaines se démolissent. Elles font place à de larges voies qui répandent l'air, la lumière, la salubrité et la vie. Que les archéologues s'alarment de la destruction de quelques vieux souvenirs historiques, c'est à eux d'en enregistrer le souvenir par le dessin et la constatation des anciens faits livrés à la publicité. Comment, en effet, ne pas applaudir aux grands travaux d'assainissement commencés depuis vingt-cinq ans ? Ne sont-ils pas devenus plus urgents encore par l'achèvement des nombreuses lignes ferrées qui, chaque jour, amènent un si grand nombre de voyageurs de tous les points du globe ?

Il est évident qu'il y aurait eu vandalisme de faire disparaître la tour Saint-Jacques, les Thermes de Julien, ou tout autre monument de ce genre. En perpétuant des souvenirs historiques, ils nous conservent des modèles précieux de l'architecture des différentes époques; ces modèles qui resteront comme enseignements, non-seulement à notre siècle, mais aux siècles à venir. Mais quel mal y a-t-il à faire disparaître le cloître moderne de Sainte-Catherine, la place du Chevalier du Guet, l'ancien hôtel Béthizy où, dit-on, demeura Coligny, et la mairie du 4ᵉ arrondissement ? Osera-t-on mettre en balance les bienfaits, résultat de cette disparition, et les quelques regrets qui peuvent naître de souvenirs plus ou moins mérités ? La somme du bien l'emporte de beaucoup. Ainsi vont cesser ces émanations fétides et pestilentielles, l'une des causes de nos graves et dangereuses épidémies !

Bientôt ainsi va disparaître le dernier souvenir historique du quartier des Bourdonnais, de cet ancien centre du commerce parisien ! A la place du grand bureau de bonneterie situé rue des Déchargeurs, nº 11, doit être percée la rue des Halles centrales.

Cette antique maison se rattache principalement à l'histoire de la corporation des drapiers et des bonnetiers, dont l'industrie est restée dans ce quartier malgré sa nouvelle transformation. Avant de nous occuper du résultat de l'expropriation qui se prépare, rappelons quelques détails historiques sur l'origine de la communauté qui, pendant plusieurs siècles, tint son siége administratif dans cette maison.

Avant le xvie siècle, le commerce des drapiers-chaussetiers était entre les mains d'artisans non classés parmi les corps des marchands de Paris; c'est qu'en effet la bonneterie avait encore fort peu d'importance. Bien que cette industrie remontât à une haute antiquité, pourtant, en France, on ne se servait d'objets tricotés que vers le milieu du moyen âge. Les gens aisés enveloppaient leurs jambes de jambières sans pieds; on désignait ces objets sous le nom de tibiales (de *tibia*). Ils étaient pour la plupart en étoffe de drap : c'est ce qui constituait le commerce du drapier-chaussetier. Le peuple portait des bas de toile ajustés, autant que faire se pouvait, avec une étoffe sans aucune élasticité.

Ce n'est que sous François Ier que l'art de tricoter les bas prit du développement, et encore les classes riches pouvaient seules se donner ce luxe. Henri II porta aux noces de sa fille les premiers bas de soie que l'on ait vus en France. Le peuple et même les gens de la classe aisée continuèrent longtemps encore à porter des bas en étoffe. Le jeune Laforce n'avait-il pas des bas en toile le jour de la Saint-Barthélemy?

Ainsi que pouvaient être alors le commerce et la communauté des chaussetiers au xvi⁰ siècle?

Cependant il est présumable que cette industrie prit tout à coup un certain développement, car, en 1514, le corps des changeurs de Paris ayant encouru certaine disgrâce, les drapiers-chaussetiers furent appelés à les remplacer, et formèrent le cinquième corps des marchands de Paris.

Le nombre des corps privilégiés s'élevait à six. Ils étaient entourés de la plus haute considération. Les drapiers obtinrent toujours la prééminence sur tous les autres : venaient ensuite les apothicaires-épiciers, les merciers, les pelletiers, les drapiers-chaussetiers, les orfévres.

Ainsi le corps des drapiers était parfaitement

distinct de celui des drapiers-chaussetiers et constituait une industrie à part : si nous insistons sur cette circonstance, c'est que nous aurons à y revenir.

Les six corporations comptaient 2752 maîtres et 5000 garçons de boutique qui n'étaient point encore honorés du nom d'employés.

Les communautés d'artisans étaient nombreuses; elles comprenaient 17 080 maîtres, 38 000 compagnons et 6000 apprentis. Les six corps des marchands de Paris avaient l'honneur exclusif d'aller à la suite des corps de ville, de recevoir les princes à leur entrée triomphale et de porter le dais sur leur tête.

Toutes ces communautés, corporations, jurandes et confréries [1], avaient certainement d'excellents statuts; elles rendaient des services

1. Corporations, venait de l'alliance des artisans d'un métier. — Confréries, en raison de l'esprit de fraternité qui devait les animer. — Jurandes, à cause du serment qui liait chacun de ses membres.

dont on ne peut nier l'existence. Malgré tous leurs bienfaits, nous ne partageons pas l'opinion de certains historiens qui regrettent ce bon temps ! Notre société, telle que les temps modernes l'ont organisée, n'a rien à envier aux anciennes corporations[1] : ne pouvons-nous pas rendre justice à ce qu'il y avait de bon dans ces institutions surannées, sans désirer voir renaître des priviléges qui ne sont plus en harmonie avec nos besoins actuels, avec nos mœurs indépendantes, et surtout avec la liberté d'action que réclame le commerce ?

L'État, en effet, s'est rendu le garant et le protecteur de l'inventeur par le dépôt de son brevet qui doit tomber dans le domaine public à un temps donné, tandis que les maîtrises gardaient indéfiniment leur invention.

1. Les employés du commerce de la bonneterie ne possèdent point encore de société de secours mutuels ; puissent-ils emprunter aux anciennes confréries un des plus grands bienfaits de ces anciennes associations !

Nos anciennnes corporations avaient un but moralisateur, c'est le meilleur côté de ces institutions et peut-être ce qui pèche dans notre société. Si, par exemple, un membre faillissait à l'honneur, soit par fraude ou autrement, il était expulsé. Pour y être admis, il fallait jouir d'une réputation sans tache; le libertinage et l'inconduite en faisaient exclure.

Les statuts préconisaient les bons rapports, les affectueuses relations. Nous lisons dans un ouvrage publié récemment : « Il fut un temps où les corporations jouèrent un grand rôle ; si elles présentaient des inconvénients, elles pouvaient se réformer ; leur abolition a été un tort, car ces institutions seraient encore appelées à rendre d'éminents services ; la ruche entourée d'abeilles a été souvent choisie comme emblème caractéristique des corporations, elle symbolise l'union parfaite qui doit régner dans une société obéissant à une reine toute souveraine. »

L'écrivain qui a dicté ces lignes ignore probablement les besoins du commerce, car tout
ce qui tend à entraver sa liberté d'action en
paralyserait immédiatement l'essor.

Les membres de la corporation des bonnetiers étaient classés en trois degrés différents :
les maîtres d'abord, les garçons de boutique
et les apprentis.

L'apprentissage commençait entre douze et
dix-huit ans, pas avant, pas après ces limites
d'âge.

Les fils de maître étaient affranchis de l'apprentissage.

Le jeune homme qui voulait devenir apprenti
en faisait déclaration aux gardes de la corporation, qui lui délivrait un brevet sans lequel
il ne pouvait se présenter à la maîtrise ; la durée
de l'apprentissage variait de trois à cinq ans.
Le brevet coûtait 2500 fr.

On trouve certains passages des statuts qui
ne déplairaient pas aujourd'hui aux employés

du commerce, c'était la défense du travail de nuit et pendant les jours fériés. Les cloches de Saint-Jacques la Boucherie ou de Saint-Germain sonnant l'*Angelus*, donnaient le signal de la suspension et de la reprise du travail.

Si nous voulions entreprendre d'examiner tous les inconvénients des anciennes corporations, il faudrait entrer dans des détails impossibles pour le cadre que nous nous sommes tracé et qui nous éloigneraient de notre but.

Lorsque les bonnetiers furent admis dans le corps des marchands de Paris, ils établirent le siége de leur communauté cloître Saint-Jacques la Boucherie. Ils avaient dans l'église de cette paroisse l'une des plus belles chapelles et l'une des mieux ornées. Elle était sous le vocable de saint Nicolas, patron de leur confrérie. Une frise sculptée régnait tout autour de cette chapelle. On y voyait les emblèmes de la corporation ; des bonnets de différentes formes, des ciseaux ouverts et quatre chardons au-dessus : c'était là en effet les premières armoiries que la corporation portait sur sa bannière.

Les ciseaux et les chardons viennent à l'appui de quelques chroniqueurs qui pensent que la bonneterie connaissait depuis longtemps le métier du tricot à mailles. Ce tricot foulé et chardonné aurait donc formé un drap d'une certaine souplesse, drap qui aurait servi à confectionner les justaucorps qui se portèrent jusqu'au règne de Henri III. Car, si l'on examine les costumes de ce temps, on se demande comment les vêtements collants de cette époque auraient pu être portés, s'ils n'eussent eu souplesse et élasticité[1]? C'était donc ce drap qui avait fait adopter le nom de drapiers-chaussetiers, quoique la communauté n'eût aucun rapport avec le corps des drapiers. Là se trouve

1. En examinant attentivement les costumes des XIVe, XVe et XVIe siècles, on est frappé de voir ces vêtements collants qui dessinent admirablement les formes ; les bas faisaient partie du vêtement et formaient ce que nous ap-

l'origine de la bonneterie jusqu'à l'invention
du métier à bas. Les quelques objets tricotés à
la main étaient trop restreints pour en per-
mettre la vente.

En 1527, la corporation des bonnetiers ayant
pris un certain développement, acheta une
maison appelée les *Carneaux*, rue des Char-
geurs; elle y transporta le siége de sa communauté, trop à l'étroit, dans le cloître Saint-
Jacques.

Les bonnetiers s'enrichissaient; leurs armoiries par trop emblématiques, par trop modestes,
ne leur convenaient plus. Ils demandèrent aux
prévôt et échevins de la ville de Paris l'autori-
sation de les changer, ce qui leur fut accordé
sous la prévôté de Christophe Sanguin. Elles
furent un peu prétentieuses et portaient :

D'azur à un navire d'argent à la bannière

pelons aujourd'hui pantalons à pied. Il fallait donc un
drap souple et élastique que le tissage du drap ordinaire
n'aurait pu donner.

fleurdelisée de France : en chef un œil au na-
turel. Ce changement eut lieu en 1629.

En 1648, la corporation des drapiers et celle
des drapiers-chaussetiers décidèrent leur réunion
en une seule et même communauté. Cette fusion
amena un nouveau changement dans les armoiries de 1629, elles devinrent : *D'azur à cinq*
navires d'argent 3 et 2, à la bannière de France;
en chef une etoile d'or : une banderole portait
cette devise latine : *ut cæteros dirigat.*

Plus tard, l'étoile fut accompagnée d'une toison d'argent couronnée.

Ces souvenirs se trouvent perpétués non-
seulement par l'enregistrement d'armoiries,
mais encore par des jetons que l'on retrouve
dans certaines collections.

Le plus ancien est de 1638. On y voit les
armes de la corporation portant cinq navires
en sautoir et une étoile en chef avec la lé-
gende : *Regnante Ludovico XIII.*

Le second, en argent, est de 1746; le blason

porte, de plus, en pointe une toison couronnée. On lit en bas : Les marchands bonnetiers,
1746, et autour : *Quantos duo flectit in usus.*

Le troisième, de 1758, ne varie que pour la
forme du blason.

Chose singulière ! les jetons de la corporation des drapiers de Paris portent au revers le
navire surmonté d'un œil au naturel qui servait de meuble au premier blason des bonnetiers. Ces jetons sont de 1700 et 1717 ; sur l'un
se voit un tondeur, avec cette devise : *Non.*
sibi. sed. nobis, et l'autre : *Ut cæteros dirigat.*

Ce changement devint le sujet de nombreuses critiques. Les drapiers eux-mêmes, quoique
se trouvant à la tête des corps privilégiés, n'en
furent pas exempts. Ils n'avaient eu jusque-là
que des armoiries modestes et emblématiques.
Ils portaient : *D'or à cinq pièces de drap,*
d'azur, de gueules, d'argent, de sable et de sino-
ple posées en pile l'une sur l'autre, surmontées
d'une aune de sable, marquée d'argent.

Les drapiers et les bonnetiers réunis achetè-
rent un immeuble tenant à la maison des *Carneaux*, et commencèrent à faire construire en
1648, une vaste maison sur les dessins de
Bruand père. Là, devait être le siége de leur
corporation.

Puisque nous avons parlé de la communauté
des bonnetiers, nous devons naturellement
donner quelques renseignements sur celle des
drapiers leurs nouveaux confrères.

Le corps des drapiers, nous l'avons dit, for-
mait le premier des six corps marchands de
Paris; son origine remontait à une époque fort
éloignée [1].

En 1183, Philippe Auguste leur avait donné,
à charge de cent livres paris de cens, vingt-
quatre maisons confisquées sur les Juifs; c'était

---

1. Les corporations remontent à la plus haute antiquité ; les législateurs romains les avaient organisées en
classes régulières sous le nom de colléges. En France elles
reparaissent au vi⁰ siècle.

2

une donation peu ruineuse pour le monarque. Ces maisons étaient situées dans la rue qui prit le nom de *Vieille Draperie*.

Pour être admis dans la corporation, il fallait avoir fait un apprentissage de trois ans, et servi chez les maîtres pendant deux années, comme garçon. Le brevet coûtait 3000 livres, la maîtrise 2500 livres. Ces sommes peuvent paraître minimes à notre époque. Mais que l'on veuille bien ne pas oublier la puissance de l'argent au troisième quart du xvi° siècle, on trouvera que les 3000 livres du brevet répondent au moins à 39 360 francs de notre époque, et les 2500 livres à 32 800 francs, il fallait donc être riche pour entrer comme apprenti dans cette corporation.

Revenons aux bonnetiers. Une découverte² importante venait d'être faite; un Français dont le nom est ignoré et que l'on suppose être de Normandie, peut-être de Falaise, venait d'inventer un métier à bas. On assure que l'inventeur, ayant fait présenter une paire de bas au

roi Louis XIV les bonnetiers de Paris redoutè-
rent les effets de cette invention, source future
de leur fortune. Ils gagnèrent par corruption un
valet de chambre, qui, avant de présenter au
roi cette paire de bas, coupa plusieurs mailles
avec des ciseaux : les bas se déchirèrent donc
la première fois que le monarque les mit, et
l'inventeur repoussé, comme il arrive tant de
fois quand il s'agit de découvertes, passa en An·
gleterre, où, on le pense bien, il fut accueilli.
Il y organisa de suite une fabrique de bas au
métier.

Les Anglais réalisèrent de si grands bénéfices
avec cette nouvelle invention, qu'ils défendi-
rent sous peine de mort la sortie de ce métier.
Cependant, en 1656, un Français du nom de
Cavellier, de Nismes, doué d'une mémoire pro-
digieuse, classa dans sa tête, la nomenclature,
la forme, la place, la valeur, l'importance de
toutes les pièces du métier, il en fit exécuter un
qui servit de modèle en France.

La première manufacture de bas au métier fut établie à Madrid, près Paris. C'est ici que l'on doit regretter les priviléges des corporations. Car cette invention ne servit qu'à faire créer une communauté de maîtres ouvriers, et les règlements qui se succédèrent pendant trente à quarante ans, loin de favoriser cette industrie naissante, firent que le métier à bas rendit peu de services. Ses produits ne purent être portés que par les classes riches. Pendant ce temps, nos voisins d'outre mer, profitant d'une part de la liberté attachée à leur commerce, de l'autre de l'abus de nos priviléges et de nos lois, donnèrent à la bonneterie un développement fabuleux, la contrebande, il est vrai, apportait à notre aristocratie des produits dont on s'est fort engoué, et qui, aujourd'hui même, mais à tort, ont une réputation traditionnelle, mais erronée de supériorité à nos produit français.

Une communauté de *faiseurs* de bas au

métier s'organisa en dehors de tous rapports avec l'ancienne corporation ; ces armoiries furent :

D'or à une chausse de gueule posée en pal, de deux pelotons de laine de même[1].

Une autre communauté, désignée sous le nom de maîtres bonnetiers ouvriers en bas, s'était également organisée ; ses armoiries portaient :

D'argent à un bas de chausse d'azur, accosté de deux bonnets de gueule.

Il est donc naturel d'admettre que cette nouvelle industrie devait atteindre mortellement l'ancienne corporation des bonnetiers.

Le premier magasin de bonneterie au metier fut monté par Charles de Suisnoy.

— Un décret de l'Assemblée constituante du 16 février 1791, supprima les corporations et les jurandes. Il permit à tout citoyen d'exercer

1. Armorial de Paris, manuscrit tome III, page 446. Bibl. imp.

à partir du premier avril, telle profession, art ou métier qui lui conviendrait.

L'industrie était donc dégagée de ses entraves, mais nos grandes commotions politiques, puis les guerres de l'empire retardèrent l'essor du commerce français, la bonneterie resta stationnaire, et comme toute industrie, elle ne prit vraiment son élan que vers 1820 et même 1825. Troyes devint un des premiers grands centres manufacturiers pour la bonneterie proprement dite ; Lyon, Ganges et autres localités du Midi, pour la soierie ; puis plus tard, cette industrie gagne et Saint-Just et ses environs.

Paris conserva une supériorité pour certains articles, et perdit en partie sa fabrication ordinaire qui se faisait grandement au faubourg Saint-Marceau. Caen, Rouen, pour les articles forts ; la Picardie pour la bonneterie de laine, Villers-Bretonneux doit presque son origine à cette fabrication ; Gonesse, près Paris, la vallée de l'Oise, devinrent aussi des centres producteurs pour la bonneterie.

Le métier dit à côte fut importé d'Angleterre et donne à sa production le nom de côte anglaise. Mais si nous sommes redevables aux Anglais de quelques inventions, l'industrie française apporta de grandes améliorations au métier à bonneterie. Elles furent adoptées et recherchées par les Anglais eux-mêmes.

Le métier circulaire vint apporter de nouveaux produits qui permettent aux classes les moins heureuses de la société de se vêtir chaudement et ce à des prix si minimes, que l'on est surpris de voir encore des gens rester les jambes nues. Ce nouveau genre de métier prit une grande extension à Falaise, Troyes, Orléans, Bar-le-Duc, Dijon, et dans les maisons centrales de Melun, de Clairvaux.

Lorsque la révolution de 1848 éclata, le métier circulaire nouvellement perfectionné par Jacquin de Troyes, mécanicien très-distin-

gué, et dont les opinions ne pouvaient être
suspectes aux ouvriers, ces métiers si utiles,
si productifs furent brisés en beaucoup d'en-
droits. Les Anglais, qui savent toujours pro-
fiter de nos dissensions politiques, vinrent
acheter nombre de ces métiers. L'inventeur
lui-même quitta la France et exporta une partie de son système à Bruxelles.

Quand donc enfin la classe ouvrière com-
prendra-t-elle que les inventions mécaniques
sont l'honneur d'une nation, qu'elles nous
mettent à même de lutter avec avantage sur
l'étranger, et que, loin de nuire à son travail, elle donne une heureuse impulsion à
l'industrie ?

Enfin un nouveau métier d'importation anglaise et devenu par le perfectionnement français bien supérieur à tout ce qui existe en Angleterre, donne à certains produits français un
avantage marqué sur nos rivaux. Cette invention, appliquée aux grandes pièces seulement,

va bientôt, avec certaines modifications, s'organiser à Troyes, où déjà plusieurs systèmes entrent en lice.

Quelles qu'aient été les entraves des anciennes corporations, malgré l'effet de nos commotions politiques, cette industrie peut non-seulement rivaliser avec les produits anglais, mais elle donne en France un perfectionnement bien supérieur. A l'Angleterre appartient un seul avantage sur nous, il vient des immenses capitaux livrés au commerce. L'aristocratie ne craint pas de devenir manufacturière, tandis qu'en France le commerce est souvent dédaigné : le barreau aux avocats multiples, les emplois administratifs, la médecine, sont préférés à l'industrie et à l'agriculture. Cependant si l'on fouille dans l'origine des familles, combien n'en rencontre-t-on pas qui doivent leur fortune au commerce ? Il ne faut pas remonter très-loin, car ouvrant l'Armorial d'Hozier, on y trouve les noms de beaucoup de nos grandes fortunes dont les pères appartenaient à la justice consulaire, titres honorables desquels on ne peut que se glorifier. De nos jours peut-être est on moins occupé de ce que l'on appelait jadis la distinction des rangs dans la société, et l'on voit assez souvent une bourgeoisie issue du comptoir s'allier avec la noblesse, qui restaure ou soutient ainsi une fortune improductive[1].

Après la suppression des corporations, le local affecté à la communauté des bonnetiers devint un vaste dépôt de bonneterie où se réunissaient les produits de plusieurs pays, principalement de Troyes. Il fut alors désigné sous le nom de grand bureau de bonneterie, nom qu'il conserve encore aujourd'hui ainsi que son dépôt. Tout récemment, des réparations intérieures ont fait faire des découvertes du

1. Le fils d'un drapier-chaussetier de Troyes a été la souche d'une maison de noblesse qui a fait l'honneur de la Champagne pendant plusieurs siècles.

plus haut intérêt pour l'archéologie municipale et l'histoire de la bourgeoisie parisienne ; M. Gontard, chargé des travaux de restauration, remarqua quelques traces de peinture sous d'épaisses couches de badigeon ; d'autres auraient négligé probablement cette circonstance ; mais l'antiquaire ne s'en tint pas là, il enleva avec soin le badigeon et découvrit sept portraits placés dans autant de panneaux, qui furent détachés et nettoyés avec une minutieuse attention.

Le premier, d'une belle exécution, est celui de Louis XIV pendant sa minorité. Ce portrait, qui pèche un peu par la pose, est néanmoins d'un fini qui ne laisse rien à désirer ; sur les vêtements bleu ciel, garnis de dentelles et de broderies, se voit la plaque de l'ordre du Saint-Esprit. Tous les autres étaient des *grands-gardes* du corps de la draperie, dont la mission était de faire observer les statuts et priviléges de la communauté ; quelques-uns ont été conseillers de ville et ont appartenu à la justice consulaire.

La noblesse n'avait déjà plus le privilége exclusif du blason; presque tous ces portraits, dont un seul est sans nom, étaient revêtus d'armoiries. Voici la liste de ces personnages par ordre de date :

1°. . . . . . Premier grand-garde et consul en 1658, grand-garde du premier des six corps des marchands en 1660.

Porte : *d'azur à la croix d'or chargée de cinq coquilles de sable.*

2° Paul Brochard, 1659.

D'azur à un arbre d'or terrassé de sinople et surmonté de deux étoiles d'or en chef.

3° François Lebrest 1660, sans armoiries.

On trouve dans l'Armorial d'Hozier [1] les armes de ce personnage désigné comme marchand bourgeois de Paris. Il portait :

---

1. Bibliothèque impériale, salle des manuscrits.

D'argent au chevron d'azur accompagné en chef de deux croissants de gueule et en pointe d'une levrette rampante de même accolée d'azur à la face de gueules accompagnée en chef de trois étoiles d'argent posées en face et en pointe un croissant de même.

4° Lecuntier, porte : *d'argent au chevron de gueule accompagné en chef de deux mouchetures d'hermine; en pointe d'une ancre de sable; au chef cousu de gueule chargé d'un croissant d'or, accosté de deux étoiles du même.*

5° F. Predeseigle, grand-garde en 1663 :

D'azur à trois épis de seigle d'or posés en pal 2 et 1.

6° François Desserre, grand-garde, titre d'office 1691.

Porte : *d'azur au chevron d'or accompagné en chef de deux étoiles de même et en pointe d'une rose au naturel.*

Plusieurs panneaux étaient vides. Attendaient-ils des portraits? ou les a-t-on retirés ? C'est ce que l'on ne pourrait bien préciser.

Mais ce que l'on peut assurer, c'est que plusieurs ont été lacérés, et grâce à la complaisance de M. Gontard qui voulut bien me communiquer quelques lambeaux de toiles qui, réunis, me permirent de retrouver trois nouveaux noms et autant d'armoiries, mais il ne restait plus vestige des portraits :

1° Clerembaut, conseiller de ville et grand garde, 1662;

Porte : *d'argent à la croix d'azur chargée en chef d'un clou d'or posé en pal ; cantonnée de quatre clous d'azur ;*

2° Baudequin, ancien échevin, ancien consul, et grand-garde de la draperie, 1662;

Porte : *d'azur à la bande d'or chargée de 3 trèfles du champ, accompagnée en chef d'un soleil d'or et en pointe d'un croissant d'argent;*

3° André Levieux, grand-garde en l'année 1657, et ancien échevin ;

Porte : *d'azur à l'aigle d'or au chef de sable*

chargé d'un croissant accosté de deux étoiles, le tout d'or.

Sur l'une des principales portes cachée par des casiers, se voit un magnifique vaisseau tel qu'il se trouve sur les jetons des drapiers ; cette porte est surmontée de deux renommées de grande dimension soutenant un cadre oval ; il a dû contenir les armes de France, qui auront été enlevées à l'époque de la révolution.

L'ancienne salle d'assemblée est vaste et ornée de sculptures en chêne assez délicates ; les lambris figurent des draperies soutenues par des nœuds gracieusement fouillés ; une frise en feuilles d'acanthe, des montants garnis de branches de chêne et de laurier très-saillantes, etc. Cette salle a quatorze mètres de long sur neuf de large, son élévation est de cinq mètres. Il y aurait bien encore trois autres salles à étudier et à décrire, mais les nombreux casiers qui recouvrent les murs, ne le permettent pas.

Il est généralement accrédité dans le quartier des Bourdonnais, que le grand bureau de bonneterie a été la demeure de l'amiral Coligny; les renseignements précis que nous venons de donner, doivent faire disparaître cette tradition qui ne repose sur aucun fondement.

En 1774, sous le ministère Turgot, la communauté des bonnetiers de Paris fut réunie à celle des merciers.

Au moment de terminer cette notice nous apprenons que M. Cherrier, propriétaire de la maison de la rue des Déchargeurs, possède deux portraits provenant du grand bureau.

FIN.

Ch. Lahure et Cie, imprimeurs du Sénat et de la Cour de Cassation, rue de Vaugirard, 9, près de l'Odéon.

www.ingramcontent.com/pod-product-compliance
Lightning Source LLC
Chambersburg PA
CBHW070736210326
41520CB00016B/4476